LES NOPCES DE PELÉE ET DE THETIS.

Comedie Italienne en Musique, entre-meslée d'vn Ballet sur le mesme sujet, dansé par sa Majesté.

A PARIS,

Chez ROBERT BALLARD, seul Imprimeur du Roy pour la Musique.

M. DC. LIV.

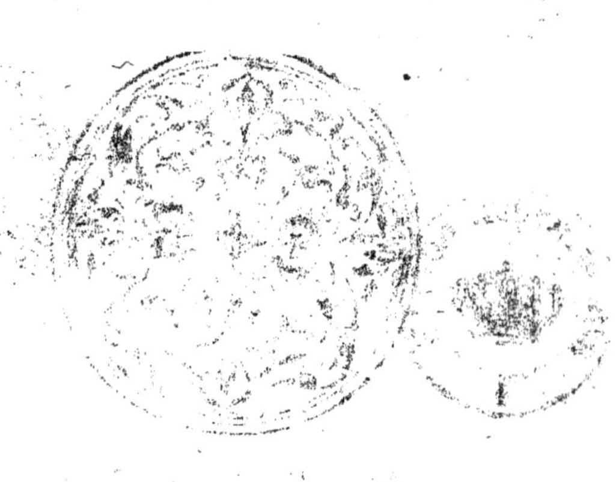

VERS
DV BALLET
ROYAL,

Auec l'Argument de chaque Sçene de la Comedie, qui donne occasion à chaque Entrée du Ballet.

ARGVMENT.

PElée Roy de Theſſalie, amoureux de Thetis, & trauerſé de deux puiſſans riuaux Iupiter & Neptune, fait en ſorte par les conſeils de Chiron, & par le ſecours de Promethée que l'vn & l'autre ſont à la fin exclus de leur pretention. Neptune s'en deſiſte à cauſe de ſa Vieilleſſe, & Iupiter encore plus vieux, mais auſſi beaucoup plus conſiderable y renonce luy-meſme pour ſon propre intereſt. Ainſi Thetis plainement perſuadée de la conſtance

A ij

& de la fidelité de son Amant, consent à l'espouser,
& l'on celebre le Mariage où se fait vn grand con-
cours de Dieux & de Déesses. Promethée qui auoit
assez bien seruy en cette occasion pour meriter la fin
de son tourment, s'y trouue aussi, & amene auec soy
les Arts Liberaux & les Mechaniques qu'il a inuen-
tez, La Discorde y fust bien venüe, mais elle auroit
eu honte de paroistre sur le Theatre apres auoir esté
chassée de la France, & il n'estoit pas à propos qu'elle
vint troubler vne feste si agreable.

PERSONNAGES.

Ceux qui Chantent.	*Ceux qui Dansent.*
L'Epidan. ⎱ Fleuues de la	Apollon & les neuf Muses.
L'Onochone, ⎰ Thessalie.	Magiciens.
Iupiter.	Pescheurs de Corail.
Neptune.	Furies de la Ialousie.
Iunon.	Hõmes & femmes sauuages.
Mercure.	Dryades.
Pelée, Roy de Thessalie.	Cheualiers de Thessalie.
Thetis.	Academistes de Chiron.
Chiron.	Courtisans de Pelée.
Promethée.	Petites filles de la Cour de
Chœur de Nereïdes.	Thetis.
Chœur de Sirenes & de Tri-	Arts liberaux & seruiles.
tons.	Amours.
Chœur de Sacrificateurs de	Iunon, Pronube.
Mars.	Hymenée.
Chœur de toutes les deïtez.	Hercule.
	Harmonie Celeste.

PROLOGVE.

Apollon & les neuf Muses. L'Epidan & l'Onochone, fleuues de Theffalie, Chœur de Nereïdes.

A L'ouuerture du Theatre pareffent Apollon & les Muses sur le haut de leur Montagne, & de costé & d'autre les deux fleuues principaux de la Theffalie, & les Nereïdes feparées en deux Chœurs qui loüent Apollon, & le conuient à descendre pour donner vn heureux augure aux amours de Pelée. Cette Montagne s'abaisse peu à peu, & les Fleuues & Nereïdes s'estant retirées, Apollon & les Muses r'empliffent le Theatre, & composent la premiere Entrée du Ballet.

PREMIERE ENTRÉE.

Apollon & les neuf Muses.

LEROY. *Apollon.*

M. la Princeffe d'Angleterre, *Erato.* Mademoifelle de Villeroy, *Clio.* M. la Ducheffe de Crequy, *Euterpe.* M. la Ducheffe de Roquelaure, *Thalie.* M. la Princeffe de Conty, *Vranie.* Madame de Monloüet, *Terpsycore.* M. la Ducheffe de S. Simon, *Calliope.* Madame d'Olonne, *Melpomene.* Mademoifelle de Gourdon, *Polymnie.*

A iij

LE ROY, representant Apollon.

Plus brillant & mieux fait que tous les Dieux ensemble,
Ni la Terre ny le Ciel n'ont rien qui me ressemble,
De rayons immortels mon front est couronné :
Amoureux des beautez & la seule victoire,
Ie cours sans cesse apres la gloire
Et ne cours point apres Daphné.

J'ay vaincu ce Python qui desoloit le monde,
Ce terrible Serpent que l'Enfer, & la Fronde
D'un venin dangereux avoient assaisonné :
La Révolte en un mot ne me sçauroit plus nuire,
Et j'ay mieux aymé la destruire
Que de courir apres Daphné.

Toutefois il le faut, c'est une Loy commune,
Qui veut que tost ou tard je coure apres quelqu'une,
Et tout Dieu que je suis je m'y voy condamné :
Que mes premiers soûpirs vont attirer de presse !
Est-il Muse, Reyne ou Déesse
Qui ne voulut estre Daphné ?

M. la Princesse d'Angleterre, Erato.

Ma face est du plus pur sang
Des Dieux, et sur mes Montagnes
On ne auoit... ...
Tout autre que mes Compagnes :
Mon ... est Royal ...
... auec la ...
La véritable ...
Et c'est à vous qui ... j'adresse
Quand on ... plaindre tout haut
... sort des grandes Personnes,
Et ... tout ce ... fait ...
Sur la ... les Couronnes.

Mademoiselle de Villeroy, Clio.

Avec vos riches attraits
Et si jeunes qui si frais,
Ces yeux à l'amour éclate,
Et cette bouche incarnate,
Avec ce beau teint de lys,
Tout nouuellement cueillis,
Où la rose aussi s'assemble,
Et qui ne sçauroit, ce semble,
De cent ans estre effacé,
Moy qui n'estois rien n'aguere,
Je ne represente guere
L'Histoire du temps passé.

M. la Duchesse de Crequy, *Euterpe.*

LEs bouches de la Renommée
Disent que la mienne a des traits
Que les autres n'auront jamais,
Et soit ouuerte ou soit fermée :
Qu'il faut mourir dés qu'on la voit,
Qu'elle ne peut estre décrite,
Et qu'on en cognoist point qui soit
Ny si rouge ny si petite.
I'ay cent traits, mais nullement
Ie ne m'en picque, & seulement
Ie tasche à donner quelque preuue
De conduite & d'entendement,
Ce qui releue infiniment
Vne jeunesse toute neuue.
L'enuie auec son desespoir
Au Soleil qu'elle persecute
Trouue quelque chose de noir,
Mais elle aura peine à pouuoir
Trouuer de l'ordure à ma Flufte.

M. la Duchesse de Roquelaure, *Thalie.*

IL n'est cœur ny liberté
Qui me voyant ne se rende,
Et ma beauté c'est la grande
Et la supresme beauté :
La moindre de mes œillades
Reconforte les malades,

Et les

Et les remet en estat,
Mais c'est pure Comedie,
Il est bien fou qui s'y fie
Et s'arreste à leur eclat:
En des rencontres pareilles
Mes yeux disent des merueilles,
Mais qui les croit est vn fat.

M. la Princesse de Conty , *Vranie.*

LES *Astres dans leur carriere*
Me le cedent du costé
De la nette pureté,
Et de la viue lumiere.

Quelle gloire ne m'est deuë?
Ce port , ce teint, & ces yeux,
Monstrent que ie suis des Cieux
Tout fraischement descenduë.

Leurs aspects & les ressorts
Qui font mouuoir ces grands corps,
Tombent sous ma cognoissance:

Aussi ie touche de prés
A la haute intelligence
Qui gouuerne ces secrets.

Madame de Montloüet , *Terpsycore.*

REgardez-moy *si vous l'osez,*
Mortels , & ne vous abusez
En me prenant pour vne femme,
I'ay des yeux qui donnent la Loy,
Qui d'eux-mesmes & malgré-moy
Descendent iusqu'au fonds de l'ame:
I'ay de cette haute beauté
Qui sçait mettre les cœurs en flame,
Et sur tout vne Maiesté
Qui prouue ma diuinité:
En moy les graces sont comblées,
Et tout cela fait decider
Que c'est à moy de presider
Aux Bals , & dans les Assemblées.

M. la Duchesse de S. Simon , *Calliope.*

LE *A beauté , ce cher thresor,*
Est ma compagne fidelle,
Et si ie possede encor
Cent choses au delà d'elle.

Auec vn brillant éclat
I'éleue ceux que i'anime,
Et ie mesle au delicat
L'Heroïque & le sublime.

Sans trop loüer mes appas,
Les plus beaux Romans n'ont pas
Vn seul Heros qui me vaille,

Et ie suis digne de mieux,
Si l'on n'en croit à ma taille
Qu'on s'en rapporte à mes yeux.

Madame d'Olonne , *Melpomene.*

MIlle traits déliez *&* fins
Esclatent dessus mon visage,
Tous mes regards sont des destins,
Mais qui les tient à bon presage
Pour sa fortune n'est pas sage:
Si ma douceur en met aux fers
On s'y trompe, & ie ne m'en sers
Qu'auecque tant de Politique,
Qu'enfin l'on void facilement
Qu'il faut que l'Amour & l'Amant
Chez moy fasse vne fin Tragique.

Mademoiselle de Gourdon, *Polymnie.*

Svr cent obiets à la fois
Ie remporte vn grand trophée,
Bien qu'on dise que ie sois
Muse qui nasquit coiffée.

Apollon voit par hasard
Leurs graces comme les nostres,
Et ie pense auoir ma part
Au rien qu'il a pour les autres.

I'ay le teint beau, les yeux doux,
Et ie sens mon origine,
La difference entre nous,
Qu'Apollon la détermine.

Cela fait, où ie seray
La gloire de nos Montagnes,
Où ie me consoleray
Auec huict de mes Compagnes.

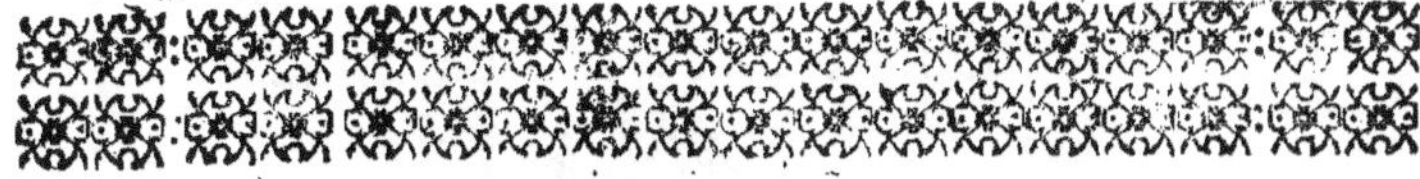

ACTE PREMIER.

SCENE PREMIERE.

Qui fait paroiſtre vne Grotte ouuerte des deux coſtez.

Chiron. Pelée. Chœur muet de Magiciens.

CHiron conſeille à Pelée ou d'abandonner l'A-
mour, ou de ne point perdre l'eſperance : &
luy perſuadant que la Vieilleſſe de ſes Riuaux le doit
mettre à couuert de toute crainte, l'exhorte toutefois (pour s'oppoſer à la violence que Iupiter pourroit faire à Thetis) de s'en aller ſur le Caucaſe implo-
rer le ſecours de Promethée, qui auec le feu du Ciel
qu'il auoit deſrobé, en auoit auſſi emporté toutes les
grandes & les ſublimes cognoiſſances, & qui d'ail-
leurs ſeroit aſſez aiſe d'obliger Pelée en vne occaſion
où il y alloit de nuire à la paſſion de Iupiter qui luy
faiſoit ſouffrir vn ſi cruel tourment. Pelée approuue
le conſeil de Chiton, & auſſi-toſt les Magiciens font
vn charme en dançant , & l'enleuent dans vn char
volant.

B iij

DEVXIESME ENTRE'E.

Magiciens.

Le Comte du Lude. Les Marquis de Villequier,
& de Genlis. Mrs Bontemps & Cabou.
Les Srs Verbec, Baptiste & Lambert.

Le Comte du Lude, representant vn *Magicien.*

MOn cœur se laisse aisément prendre
    Par plus d'vne belle à la fois,
    Et i'ay du loisir à reuendre
    Quand ie n'en ayme rien que trois,
Ie pleure, ie soûpire, & suis prest à me pendre,
    Puis tout à coup ie disparois.

Le Marquis de Villequier, representant vn *Magicien.*

LA Beauté qui me charme a de l'air du Printemps,
Nous deuons nous aymer, ie suis fier, elle est fiere,
Et c'est assez le fait d'vne ieune Sorciere
    Qu'vn Magicien de vingt ans.

Le Marquis de Genlis, representant vn *Magicien.*

QVI pourroit douter de mon Art?
En bon lieu mes raisons ont assez d'energie
    Et ie parois beau quelque part,
    N'est-ce pas la pure Magie?

SCENE SECONDE.

Qui s'ouure dans la Perspectiue
où l'on void la Mer.

Thetis. Neptune. Chœur de Sireines, & de Tritons. Chœur muet de Pescheurs de Corail.

THetis paroist sur vne grande Coquille conduite par vn Demy-dieu Marin, & toute en-
uironnée d'vne belle trouppe de Pescheurs de Corail:
Et d'vn autre costé Neptune aussi sur vne autre Coquille tirée par des Cheuaux Marins, vient dire à
Thetis la passion qu'il a pour elle : Mais comme il
s'apperçoit qu'elle le mesprise, il la quite soudain, se
retire tout en cholere auec sa suite, & frappant la Mer
de son Trident il esmeut vn si grand orage, que Thetis est contrainte de descendre à terre auec les Pescheurs, qui estás bien aises d'estre eschapez de la tem-
peste font entre-eux vne dance pour tascher de la di-
uertir.

TROISIESME ENTRE'E.

Demy-dieu Marin menant Thetis, suiuy
de douze Pescheurs de Corail.

Le Comte de S. Aignan, premier Gentil-homme de
la Chambre du Roy, *Demy-dieu Marin.*

Pescheurs de Corail.

MONSIEVR Frere vnique du Roy.
Monsieur le Duc d'York. Le Duc Damuille. Le Comte
de Guiche. Le petit Comte de S. Aignan , fils. Le
Marquis de Mirepoix. Mr Saintot. Mr de la Chesnaye. Les Srs Bruneau , S. Fré , Langlois , & Raynal.

Pour le Comte de S. Aignan , representant vn demy-Dieu Marin.

I'Ay dans vn si haut point mis la galanterie,
Que la Cour de Neptune en est toute fleurie,
Des nobles Paladins les hauts faits égalant:
Ie tasche à releuer leur gloire sans seconde:
   C'est la plus grand' pitié du monde
Quand on est demy-Dieu sur la terre ou sur l'onde,
   Et qu'on est que demy galand.

Ie le suis tout à fait , ie veux bien qu'on le sçache,
Puisque c'est vn honneur , & non pas vne tache,
Qui dans le champ d'Amour m'a fait faire moisson,
Grace à l'esprit , au cœur , aux Chansons & Ballades,
   Suiuis de soupirs & d'œillades,
Ie puis mieux que personne , en parlant des Nayades,
   Dire si c'est Chair ou Poisson.

Madrigal.

Madrigal.

POur vne Nymphe auſſi belle
    Que cruelle
Ie ſoupire à tout propos,
Ma langueur eſt éternelle,
Et i'ay le meſme repos
    Qu'ont les flots.

MONSIEVR Frere vnique du Roy, repreſentant
vn Peſcheur.

DE mes fins hameçons le danger eſt extreſme,
Et ie ſuis vn Peſcheur plus beau que l'Amour meſme,
    Qui m'occupe & qui me plais,
    A ietter ligne, & filets
    Où ie voy le Poiſſon digne
    Des filets & de la ligne.

    A beaucoup de Maris la crainte ſe redouble,
Que chez eux à la fin ie ne peſche en eau trouble,
    Mon eſprit eſt ſi bien fait,
    Et i'en ay tant qu'on ne ſçait
    Où ie peſche & d'où ie tire
    Les choſes qu'on m'entend dire.

    I'iray bien plus auant lors que i'auray plus d'âge,
Mais ie m'exerce encor ſur les bords du riuage,
    Et ne commence point mal
    D'aller peſchant le coral
    Deſſus les leures vermeilles
    De mille ieunes Merueilles.

Monſieur le Duc d'York , repreſentant vn Peſcheur.

Loin de ne faire icy que peſcher le coral
Il faut que d'vn endroit malheureux & fatal
Que la vaſte mer enuironne,
Ie m'applique en homme expert
A peſcher tout ce qui ſert
A refaire vne Couronne.

Le Duc Damuille repreſentant vn Peſcheur.

AYant le meſme appas & le meſme hameçon
Que i'auois ieune garçon,
Rarement on s'en eſchappe,
Et comme ſi le temps alloit à reculons,
Dieu ſçait combien i'en attrappe
Auecque mes filets blonds.

Le Comte de Guiche , repreſentant vn Peſcheur.

SVr de paiſibles eſtangs
Ie fais depuis quelque temps
Mon épreuue iournaliere,
Mais ie ne prends point l'eſſor,
Et ie n'oſe guere encor
M'approcher de la Riuiere.

Le petit Comte de S. Aignan , representant
vn Pescheur.

Svbtil & droit comme vn ion,
Ie sçay pescher à la ligne,
Et mon adresse maligne
Embarasse le gouion :
Quand à ces gros poissons ie ne sçaurois qu'en faire,
Pour n'estre pas encor tout à fait à leur point,
Et l'on feroit bonne chere
De ceux que ie ne prends point.

Le Marquis de Mirepoix , representant vn Pescher .

A Ce doux mestier ie pretends
Faire fortune auec le temps ;
Car enfin toute la Science
D'vn Pescheur sage & bien instruit
Est d'auoir de la patience
Et de ne point faire ce bruit.

SCENE TROISIESME.

Thetis. Jupiter. Junon. Chœur muët des Furies de la Ialousie.

IVpiter enuironné de pompe & de majesté, des-cend au milieu de l'Air dans vne grande Nüe, & dit à Thetis toutes les choses tendres & passionnées qui la peuuent obliger à l'accepter pour son espoux : mais elle refuse cét honneur ne voulant point manquer de recognoissance enuers Iunon qui auoit eu soin de son éducation, ce qui fait que Iupiter se resout à l'enleuer : & comme il est sur le point d'executer son dessein (l'ayant des-ja mise dans vne partie de cette Nüe qui l'enuelopoit, & commençant à luy faire perdre terre) Iunon arriue dans vn tourbillon moins impetueux que sa colere, & apres de grands reproches (ayant appellé à son ayde les Furies de la Ialousie) la Terre s'ouure & les vomit par la gueule d'vn Monstre effroyable. A cette veüe Iupiter lasche prise, & forcé de remettre son entreprise à vne autre fois s'en retourne au Ciel. Cependant les Furies toutes glorieuses d'auoir vtilement serui au ressentiment de la Déesse, font vne dance deuant elle, apres laquelle Iunon (ayant remercié Thetis de sa vertueuse resistance, prend ces mesmes Furies & les emporte dans son tourbillon pour en persecuter Iupiter jusques dans son repos & dans sa gloire.

IV. ENTRE'E.

Furies.

LE ROY.　　Le Duc de Ioyeuſe.　　Le Marquis de Genlis.　Mᵉ Bontemps.　Les Sᵗˢ de Lorge, Ver-pré, Beauchamp, Mollier, le Vacher, Des-airs, Doli-uet, Baptiſte.

Pour le ROY, repreſentant vne Furie.

E Suite ſi tu peux cette ieune Furie,
Eſpagne, dont l'orgueil eſt trop long-temps debout,
Elle te va dompter d'vne force aguerrie,
Et la torche à la main s'en va de bout en bout
　　　Mettre le feu par tout.

Elle ſuit les Meſchans, les preſſe, les opprime,
Leur fait dans ſes regards lire vn ſanglant decret,
Et dans le meſme inſtant qu'ils commettent le crime
Leur gliſſe dans le cœur vn eternel regret,
　　　Comme vn Serpent ſecret.

Que ie voy de Beautez dont la rigueur extreſme
A plus de mille Amans a cauſé le treſpas,
Qui voudroient tout le iour, & toute la nuiĉt meſme
Auoir cette Furie attachée à leurs pas.
　　　Et qui ne l'auront pas.

C iij

Le Duc de Ioyeuſe, repreſentant vne Furie.

NE vous y fiez point, apprehendez mes œuures,
Ie porte ſur le front vne douceur qui ment,
Et ie cache finement
Mes griffes & mes couleuures.

Le Marquis de Genlis, repreſentant vne Furie.

I'Ay le viſage doux, amoureux & benin,
Comme le doit auoir vne furie honneſte,
Peut-eſtre ſur le cœur ay-ie quelque venin,
Mais ie n'ay pas beaucoup de ſerpens à la teſte.

ACTE SECOND.

SCENE PREMIERE.

Qui repreſente la cime du Caucaſe.

Promethée. Pelée. Chœur muèt d'hommes
& de femmes Sauuages.

PElée conduit par des Hommes & des Femmes Sauuages, rencontre Promethée lié ſur vn rocher, auec l'Aigle qui luy ronge le cœur, & apres auoir fait entre-eux vne legere comparaiſon de leurs tourméts, Promethée l'aſſure que l'Oracle de Delphes auoit predit qu'il n'aiſtroit de Thetis vn Fils plus grand que ſon Pere : qu'ainſi Iupiter (ſans doute) ſeroit contraint de renoncer à ſa pretention, & que Mercure

ayant des-ja esté enuoyé de sa part à Iupiter pour luy
donner auis de cét Oracle, il auoit lieu d'esperer que
la chose se termineroit à son contentement. Pelée
s'en retourne en Thessalie extrémement consolé, &
les Sauuages (sur l'apparance que Promethée sera
deliuré de sa peine, & Pelée aura ce que son cœur
desire) ne sçauroient mieux exprimer leur allegresse
que par vne dance.

V. ENTRE'E.

Mrs de la Chesnaye, & de Ioyeux. Les Srs la Marre,
Monglas, Laleu, Raynal, Roddier, *sauuages*.

NOus faisons cas des beaux visages
Dont nous sçauons fort bien vser,
Et ne sommes point si Sauuages
Qu'on ne nous puisse appriuoiser.

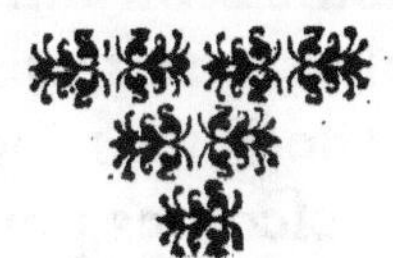

SCENE SECONDE.

Qui decouure vn Palais d'or & de pierreries.

Iupiter. Mercure. Chœur muët de Dryades.

IVpiter se trouue auec Mercure dans ce beau Palais qu'il auoit fait preparer au plus secret endroit du Caucase, afin d'y celebrer ses nopces à l'insceu de Iunon, & là songeant aux moyens d'y conduire la nouuelle espouse, Mercure l'auertit de l'Oracle. Iupiter surpris, & craignant qu'il ne luy arriue en cette occasion ce qui estoit autrefois arriué entre luy & Saturne : fait ceder l'amour à l'ambition & se retire dans le Ciel, après auoir commandé à Mercure d'aller publier qu'il ny pense plus, & qu'il se desiste d'vne entreprise trop injurieuse à son authorité. Les Dryades qui comme Nymphes terrestres auoiét de la jalousie de la bonne fortune de Thetis Déesse Marytime, & qui se tenoient aux escoutes pour rendre compte à Iunon de toutes les pensées de Iupiter, tesmoignent par vne dance la joye qu'elles ont de la resolution qu'il vient de prendre.

V I. En-

VI. ENTRE'E.

Dryades.

LE ROY.   Les Ducs de Ioyeuſe & de Roquelaure.
Le Marquis de Genlis. Mr Bontemps. Les Sᵉ de
Lorges, Des-Airs, le Vacher, Verpré, Beauchamp,
Mollier, Doliuet.

Ce ſont Nymphes qui habitent ſous l'eſcorce des Arbres.

Pour le R O Y repreſentant vne Dryade.

Nymphe grande & genereuſe
Dans vn Cheſne precieux
Ie meine vne vie heureuſe,
Ses ieunes branches des Cieux
Vont bien-toſt eſtre voiſines,
Et ſe hauſſent à tel point
Qu'elles ne démentent point
La gloire de ſes racines.

Qui ne juge à ſon écorce,
Et ſans plus l'aprofondir,
Quelle eſt ſa ſeue & ſa force,
Et comme il doit s'agrandir?
Bien que ſes rameaux ſoient tendres,
Qui ne cognoiſt qu'en effect
Il eſt du bois dont l'on fait
Les Ceſars, les Alexandres.

D

Près de cet Arbre Superbe
Tous les autres font honteux,
Et plus humbles que n'eſt l'herbe
Qui croiſt & rampe autour d'eux ;
Auſſi par ſon horoſcope
Que les Dieux ont en depoſt,
Sans doute il fera bien-toſt
Ombrage à toute l'Europe.

Le Duc de Ioyeuſe, repreſentant vne Dryade.

Andis que la ſaiſon eſt rude
Ie m'eſtonne qu'on ne me ſuit,
Mon bois eſt le fait d'vne Prûde,
Il bruſle, & ne fait point de bruit.

Le Duc de Roquelaure repreſentant vne Dryade.

Out le Monde me croit vne Nymphe gaillarde
Qui n'ay pas eu grand ſoin de ma pudicité,
Pour le moins de nos Sœurs ay-je toûjours eſté
La plus déuergondée, & la plus babillarde.

Il n'eſt point de foreſt qui ne ſoit indignée
Du fracas ennuyeux que j'ay fait tant de fois,
Et ſi toſt que je hante vne ſouche de bois,
Il vaudroit tout autant qu'on y mit la coignée.

I'ay de la vanité, je m'emporte & dy rage
Par vn droit d'impudence à mon partage échu,
Et meſme qu'on deſcouure vn pauure arbre fourchu,
La malice des gens m'en impute l'ouurage.

Mais enfin mes plaisirs ne nuiront plus aux vostres,
Nymphes, r'asseurez-vous, & ne craignez plus donc,
Ie me trouue si bien de mon aymable Tronc,
Que ie veux desormais laisser là tous les autres.

Le Marquis de Genlis representant vne Dryade.

VN Satyre au fond du bois
D'vne amoureuse maniere,
Mit mon honneur aux abois,
Quand tout à coup par derriere
On vint pour le détourner,
Et m'oster de ce martyre ;
Mais on ne sçeut discerner
La Dryade du Satyre.

SCENE TROISIESME.

Qui represente vn Theatre, & au fond de la Perspectiue vne Statuë du Dieu Mars.

Chœur des Sacrificateurs du Dieu Mars. Chœur muet des Cheualiers de Thessalie.

LES Cheualiers de la principale ville de Thessalie affligez de la cruauté de Thetis enuers leur Monarque Pelée, entreprennent vn Combat à la Barriere en l'honneur de Mars ; Cependant que d'vn autre costé l'on fait des sacrifices à ce mesme Dieu, afin qu'il

employe son credit aupres de Venus pour le retour de
Pelée, & pour l'attendrissement du cœur de Thetis. A
mesme temps la Satuë de Mars ayant parlé & predit
toute sorte de bon-heur, ces Cheualiers quittent leurs
armes & dansent.

VII. ENTRE'E.

Combat à la Barriere, par les Cheualiers de la Thessalie.

Le Comte de S. Aignan, *Chef des Tenans.*		M. Beaufort, *Chef* *des Assaillans.*
Tenans {	*Le jeune Beaufort.* *S. Maury.* *De Sens.* *Deruille.*	**Assaillans** { *Gamard.* *Clinchant.* *Ourdault.* *De Hallus.*

Pour le Comte de S. Aignan, representant
vn Cheualier.

L*Auriers, attendez-moy, Ce combat est donné*
Pour la gloire des fers qui me rendent esclaue
Et comme ie me sens le plus passionné,
Il faut par consequent que ie sois le plus braue.

Quel si puissant effort soit de lance, ou de lame
Oseroit esperer de tenir contre moy?
Il s'agit de prouuer que celle qui m'enflame
A le plus de beauté, Lauriers attendez-moy.

ACTE TROISIESME.

SCENE PREMIERE.

Qui represente le Portique du palais de Thetis.

Pelée. Chiron. Chœur des Academistes de Chiron.

PElée reuenu du Caucase & ayant rencontré Chiron, se resout par son Conseil de se presenter à Thetis, & d'en venir aupres d'elle à la derniere violence des prieres amoureuses, d'autant plus hardiment qu'il se trouue fortifié de la declaration qu'a fait Iupiter de ne plus songer à elle. Les Academistes de ce mesme Chiron, Inuenteur & maistre de plusieurs diferentes professions, font vn dance pour montrer la joye qu'ils ont du retour de Pelée.

VIII. ENTRÉE.

Chiron Centaure, faisant dancer son Academie pour le diuertissement de Pelée.

Mʳ Hesselin, Maistre des Academistes de Chiron.

Academistes de Chiron habillez en Indiens.

LE ROY.

.ʳˢ Sainctot, Bontemps, & Cabou. Les Sʳˢ Mollier, Bruneau, Langlois, Beauchamp, Le Vacher, Baptiste, Doliuet, & de Lorges.

Chiron Centaure qui deuoit estre representé
Par Mr. Hesselin.

NE vous en espouuentez pas,
D'vn homme ie n'ay rien que le corps & la teste :
N'est-on pas trop heureux quand il faut qu'on soit beste,
De l'estre seulement de la ceinture en bas ?

       Ie ne m'en trouue point trop mal,
Ce prodige me sert autant qu'il me renomme,
Et i'ay souuent besoin que la moitié de l'homme
Appelle à son secours la moitié du cheual.

       Lors que d'vn sens net & distinc
I'ay bien moralizé, i'abandonne l'alcôue,
Regagne l'écurie, & libre ie me sauue,
De la raison chagrine au plaisir de l'instinc.

Le Maistre de l'Academie, representé
par Mr. Hesselin.

SI mon orgueil paroist c'est auecque raison,
Et j'enseigne à des gens d'assez bonne Maison
Dont les grands biens pourroient multiplier les nostres;
L'interest ne fait pas mes trauaux journaliers,
Et que je sois payé d'vn de mes Escholiers,
Ie feray de bon cœur credit à tous les autres.

Pour le R O Y representant vn Academiste.

CE jeune Academiste est dans vne posture
A n'apprehender pas qu'on l'esgale jamais,
On void trop éclatter jusqu'en ses moindres traits
Et sa grandeur presente, & sa grandeur future
A son noble merite vn haut éclat est joint,
Aussi dans ce Chef-d'œuure accomply de tout point
Fortune a trauaillé sur le plan de Nature.

Les fatigues du corps sont ses cheres delices,
Des-ja contre les siens vn peu trop animez
Il a battu le fer, & les a desarmez,
Pour vn bel Auenir ce sont de beaux indices :
Il s'appreste a des coups encor plus importans,
Et l'Espagne à son dam sçaura dans quelque temps
Combien il est adroit à tous ses exercices.

Il ne sçauroit souffrir que d'autres le deuancent,
Soit qu'il coure, qu'il saute, ou qu'il monte à cheual,
Et quand il est paré pour la gloire du Bal
On ne s'apperçoit pas que d'autres que luy dansent :
Tout le monde le trouue adorable & charmant,
On en parle tout haut, les Dames seulement
N'osent dessus ce point dire ce qu'elles pensent.

SCENE DEVXIESME.

Thetis. Pelée. Chœur muet des Courtisans de Pelée, & des petites filles de la Cour de Thetis.

PElée fait tout ce qu'il peut pour gagner les bon-nes graces de Thetis; mais elle a toujours la mes-me rigueur, & comme fille de Prothée se sert du Pri-uilege de sa naissance, pour tromper sa poursuite par les differentes formes qu'elle prend ; toutefois il ne se rebute point & luy témoigne toujours autant de har-diesse que d'amour : Enfin elle se change en vn Ro-cher, Pelée l'embrasse & proteste de mourir pluftoft que de le quitter : Thetis se rend à cette derniere es-preuue, & l'accepte pour son Mary : Toute la Cour de Pelée est dans vne allegresse nompareille, & les Courtisans se mettent à danser.

IX. ENTRE'E.

Courtisans.

Le Duc de Candale. Les Marquis de Villequier
& de Genlis. Le Comte.

Pour LE ROY, qui deuoit representer vn Courtisan.

CE parfait Courtisan a la mine si haute,
Qu'en le croyant vn Roy si c'est faire vne faute
C'est conscience aussi de la vouloir punir,
Il est ieune, il se pousse, il entreprend, il ose,
Et n'a rien tant à cœur comme de paruenir,
Ie croy qu'il fera quelque chose.

A son

A son aage il possede vne charge honorable,
Vn establissement assez considerable,
De moins ambitieux s'en tiendroient à cela;
Mais à plus de grandeur sa vertu se dispose,
L'apparence n'est pas qu'il en demeure là,
      Ie croy qu'il fera quelque chose.

Il passe d'assez loin les Titres ordinaires,
Et seroit beaucoup mieux qu'il n'est dans ses affaires,
N'estoit son grand procés contre vn proche parent,
On sçait le démeslé du Lys & de la Rose,
S'il peut venir à bout de ce vieux different,
      Ie croy qu'il fera quelque chose.

C'est le plaisir des yeux & la douleur des ames,
Tout ce qu'on voit briller de filles, & de femmes
Ont pour luy dans le cœur d'estranges embarras,
Et s'il prend quelque part à la peine qu'il cause,
Que ie luy voy tomber d'affaires sur les bras,
      Ie croy qu'il fera quelque chose.

Le Duc de Candale representant vn Courtisan.

LA Cour a peu d'esclat qui le dispute au nostre
Et sa Faueur nous garde vn assez digne prix,
    Nous sommes le fait l'vn de l'autre,
    Elle me rit, & ie luy ris :
D'vne felicité qui n'est guere commune,
Auecque du plaisir on deuient l'Artisan,
Lors que le Courtisan en veut à la Fortune,
Et qu'aussi la Fortune en veut au Courtisan.

E

Le Marquis de Villequier representant vn Courtisan.

POur arriuer à l'Amour,
Et venir à la Fortune,
La souplesse & le détour
Sont vne chose importune :
De moy i'estime beaucoup
Ce qui se fait par saillie,
Et i'ayme à voir tout d'vn coup
L'affaire faite ou faillie :
I'aurois fleschy la rigueur
D'vne autre que de l'ingrate
Qui fait ma triste langueur,
Depuis le temps que ie grate
A la porte de son cœur.

Le Marquis de Genlis representant vn Courtisan.

COmme chacun tend à ses fins,
Dans la Cour par diuers chemins
Tous opposez & tous contraires
A ce qu'on auoit proietté,
Que sçait-on si par ma beauté
Ie ne feray point mes affaires ?

Scene Derniere.

Thetis. Pelée. Chœur de toutes les Deitez. Pro-
methée. Chœur muet des Amours. Hercule.
Hymenée. Iunon. Personnages muets. Chœur
muet des Arts Liberaux & Mechaniques.
Harmonie Celeste.

THetis & Pelée paroiſſent aſſis ſur vn haut
Throſne, dont le deſſus ſe change en vne
Perſpectiue du firmament, où ſont les Amours : Et
l'autre partie de la Scene ſe forme en vne Nuë au
trauers de laquelle brillent toutes les Deitez ac-
couruës aux Nopces. Hercule y ameine Promethée
deliuré par les ordres de Iupiter. Cependant Iunon
& Hymenée, accompagnez des Intelligences qui
compoſent l'harmonie Celeſte, deſcendent dans vne
grande Machine, & tout cela s'eſtant joint aux Arts
Liberaux & Mechaniques, de l'inuention de Promethée, qui les a conduits en ce lieu, il ſe fait vn
grand Ballet à Terre tandis que les petits Amours en
font vn autre au plus haut du Ciel.

D E R N I E R E E N T R E´ E.

Arts Liberaux.

Madame de Brancas. Mademoiselle de Mancini. Mademoiselle de Mortemart. Mademoiselle de la Riuiere-Bonneüil. Mademoiselle du Foüilloux. Mademoiselle d'Estrée. Mademoiselle de la Loupe.

Madame de Brancas, representant la Geometrie.

N Ous auons tout l'éclat de la grande beauté,
Et pour mieux soûtenir le bon air & la grace,
Vne taille sans vanité
A pouuoir atteindre au Parnasse ;
Quoy qu'à ne vous en point mentir
Ce soit beaucoup d'honneur pour vne creature,
I'irois iusques là sans sortir
De ma Reigle & de ma Mesure.

Mademoiselle de Mancini, representant la Musique.

E N moy la grace infinie
A mille charmans thresors
Agreablement vnie,
Forme vne belle harmonie
Et de l'esprit & du corps.
D'ordinaire ie m'applique
Sur vn ton fin & mocqueur
Qui chatoüille, mais qui pique
Et monstre que la Musique
N'est pas bonne dans le Cœur.

Mademoiselle de Mortemart, representant la Dialectique.

Ma ieuneſſe, mon teint & mes regards vainqueurs
Sont de fortes raiſons qui n'ont point de pareilles,
Et de clairs arguments qui conuainquent les cœurs
    Par les yeux & par les oreilles.

    En toute ma perſonne il ne ſe trouue rien
    Qui ne monſtre qu'enfin ie ſuis hors de ma place,
    Et ne ſerue à prouuer que ie tiendrois fort bien
        Mon poſte deſſus le Parnaſſe.

Mademoiſelle d'Eſtrée, repreſentant l'Aſtrologie.

Ie n'ay pas mon eſprit tellement dans les Nuës
Que les choſes d'embas ne me ſoient bien cognuës,
        Nature fit d'heureux efforts
        En trauaillant apres mon corps,
        Et me fit l'ame ingenieuſe,
Et de ſes paſſions Maiſtreſſe imperieuſe ;
        Mais touiours vn peu curieuſe,
Et le Ciel reſpandit tout ce qu'il a de mieux,
        Et ſes dons les plus precieux
Sur vne delicate & fine Precieuſe.

Mademoiſelle de la Riuiere-Bonneüil, repreſentant
        la Grammaire.

Sans honte on ne me peut choquer dans l'entretien,
I'ay beaucoup d'innocence, & la paſleur chagrine
        Qu'on remarque aux gens de doctrine
Eſt vne preuue en moy comme ie ne ſçay rien.

Par delà l'a , b, c, tout m'eſt preſque interdit,
Il faut que ie m'en tienne aux principes vulgaires,
Il eſt vray que ie n'en ſçay gueres,
Auſſi ne m'en a t'on encores gueres dit.

Tous ceux où la vieilleſſe introduit ſes glaçons,
Deſſous ma diſcipline ont des peines friuoles
Ie tiens mes petites Eſcoles
Ouuertes ſeulement pour les ieunes Garçons.

Mademoiſelle du Foüilloux, repreſentant la Rhetorique.

*S*Ans que ie parle meſme on m'admire à la Cour,
I'arrache tous les cœurs ſi l'on ne me les donne,
Et ie n'ay rien en ma perſonne
Qui ne perſuade l'Amour.

Mademoiſelle de la Loupe, repreſentant l'Arithmetique.

*M*Es ieunes charmes quoy que ſombres,
A de pauures Amans que ie voy ſanglotter,
Font pouſſer des ſoupirs au delà de mes Nombres,
Ie ne laiſſerois pas de les bien ſupputer,
N'eſtoit que i'en ay quelque honte,
Et que i'en fais ſi peu de conte
Que ie ne les daigne conter.

Madame de Commenge, repreſentant Iunon.

*A*Voir de ce beau teint l'immortelle fraiſcheur
Où le rouge éclatant & la viue blancheur
Des roſes & des lys vont effaçant la gloire,
Me peut-on accuſer d'auoir l'eſprit ialoux?

Pauures Mortels, détrompez-vous,
La Fable vous en fait acroire:
La ialousie en moy ne se peut soupçonner,
Ie n'en veux prendre ny donner,
C'est vne maudite graine
Qui ne fait que de la peine,
Et qui produit seulement
Vne seiche & triste fueille,
Il faut plaindre également
Qui la seme, & qui la cüeille.

Hymenée où le Mariage representé par le Duc de Ioyeuse.

*T*Out *aussi serieux que l'amour est badin,*
Ie détruis le pouuoir qu'il prend dans les familles,
Madame du Ruy sçait qu'il nest pas vn Blondin
Moins assidu que moy dans la Chambre des Filles.

Hercule representé par le Duc Damuille.

*E*N *faueur de l'amour dont les douces amorces*
M'ont fait de si grands biens & de si cruels maux,
I'ay pour recommencer mes penibles trauaux
Les mesmes passions & de pareilles forces:
Ouy, ie sens dans mon sein mouuoir le mesme cœur,
Ie sens la mesme adresse & la mesme vigueur
Qui m'ont fait acquerir vne gloire si haute,
Horsmis que i'ay les pieds vn peu plus engourdis,
Et que ie ne pourrois retourner chez mon Hoste
De la mesme façon que i'y passay iadis.

Mechaniques.

LE ROY.	*La Guerre.*
Le Comte de S. Aignan.	*L'Agriculture.*
De Verpré.	*La Nauigation.*
De Lorges.	*La Chasse.*
Le Vacher.	*L'Orfeuerie.*
Beauchamp.	*La Peinture.*
D'Oliuet.	*La Chirurgie.*

Pour LE ROY. repreſentant la Guerre.

Nous l'aurons cette Paix tant de fois deſirée,
Qui depuis ſi long-temps s'eſt au Ciel retirée,
Et la Guerre à la fin va combler nos ſouhaits :
Cent Oracles fameux ont predit à la terre,
   Pour auoir vne bonne Paix,
   Qu'il failloit vne bonne Guerre.
  La voicy qui s'auance, & nous eſt enuoyée
Pour impoſer des loix à l'Europe effroyée
Du cours impetueux de tant d'actes guerriers :
Elle vient dans ces lieux qu'elle va rendre calmes
   Y moiſſonner tous les lauriers,
   Et nous laiſſer toutes les palmes.
  Orgueilleuſes beautez, cette Guerre vous touche,
Et l'eau certainement vous en vient à la bouche,
Vous vous deffendez mal contre ſes traits vainqueurs :
Malgré vos ſentiments ſi cachez & ſi doubles,
   On void bien que c'eſt dans vos cœurs
   Que la Guerre eſt cauſe des troubles.

Le Comte

Le Comte de S. Aignan, repreſentant l'Agriculture.

EN trauaillant nuict & jour
Au champ de Mars & d'Amour
J'ay force gloire amaſſée :
Il eſt peu de Lauriers que je n'aye obtenu,
Mais la fleur en eſt paſſée
Et le fruict n'eſt point venu.

Amours.

MONSIEVR, frere vnicque du Roy. Le Comte de Guiche.
Le Marquis de Villeroy. Le petit Comte de S. Aignan.
Le petit Raſſent, page de la Chambre.
Loleu, Bonart, & Aubry.

Pour MONSIEVR, repreſentant vn Amour.

QVe ce jeune & ce tendre Amour
Sera dangereux quelque jour :
Belles, vous le flatez de meſme qu'il vous flate,
Mais quand il vous careſſe & que vous le baiſez,
C'eſt vn petit Lion que vous appriuoiſez
Qui vous donnera de la pate.

Il jouë auec vous à cent jeux,
Touche la gorge & les cheueux
D'vne paſſionnée & perilleuſe ſorte,
Ce n'eſt qu'en attendant qu'il ayt tout ce qu'il faut,
Et vous ne doutez pas qu'il ne vole plus haut
Dés qu'il aura l'aiſle plus forte.

F

Ie préuoy pourtant que ce Dieu
Deuenu grand en temps & lieu,
Sçaura se dégager de vos molles caresses :
A ses braues Ayeux vn jour s'égallera,
Et d'vn cœur heroïque enfin appellera
La Gloire au rang de ses Maistresses.

Le Comte de Guiche, representant vn Amour.

TOus ces Amours que je voy
D'vne beauté singuliere
Ne sont rien au pris de moy,
Soit en feu, soit en lumiere :
Ie découure qu'en effet
Je suis vn Amour tout à fait,
Et je n'y prenois pas garde :
Mais las ! quand je me hazarde
A faire reflection
Dessus ma condition
Au sortir de mon enfance,
A moy-mesme je me nuis,
Et par malheur je commance
A sentir ce que je suis.

Le Marquis de Villeroy, representant vn Amour.

POur écouter je me glisse,
Sçachant bien que c'est toujours
Le fait des petits Amours
De songer à la malice.

Pour le petit Comte de S. Aignan, reprefentant
vn Amour.

S'Il eft auffi difcret que fa Mere eft difcrette,
Il haïra fort la fleurette :
Mais s'il tient de celuy qui luy donna le jour,
Je penfe que cét Amour
Aura bien quelque amourette.

Pour le petit Raffent, reprefentant vn Amour.

TOus nos talens font diuerfifiez,
Et chacun à fes graces naturelles :
Pour moy, comme vous le voyez,
En attendant qu'il me vienne des aifles
Je m'efcrime affez bien des pieds.

F I N.

Ce qui fuit eft la Comedie Italienne, traduite en
vers François par vn autre que par celuy qui a fait
ceux du Ballet.

www.ingramcontent.com/pod-product-compliance
Lightning Source LLC
Chambersburg PA
CBHW061333050726
47595CB00005B/1909